FRANCISCO PIZARRO

Un conquistador al asalto del Perú

Por Aude Cirier
En colaboración con Marc Malevez
Traducido por Laura Bernal Martín

Historia en50MINUTOS.es

FRANCISCO PIZARRO

- **¿Nacimiento?** En torno a 1478 en Trujillo (Castilla)
- **¿Muerte?** El 26 de junio de 1541 en Lima (Perú)
- **¿Objetivo de la expedición?** La conquista del Perú
- **¿Regiones del mundo exploradas?** Las Antillas y posteriormente Centroamérica y Sudamérica
- **¿Descubrimientos destacados?** El Perú y la civilización inca

Francisco Pizarro es una de las principales figuras de la conquista española. Tras haber participado en varias misiones de exploración en el continente sudamericano, Pizarro desembarca en la costa occidental y descubre el Imperio inca, cuya prosperidad y riqueza son ya objeto de fabulosos relatos. Después de dos épicas tentativas, la corona de España le concede en 1529 las autorizaciones y los privilegios necesarios para lanzarse a la conquista de las tierras peruanas junto a dos socios. Impulsado por una ambición sin límites y por una gran voluntad, Pizarro elimina todos los obstáculos que se interponen en su camino con el fin de sacar adelante su proyecto: con una mezcla de diplomacia, estrategia y valiéndose de la fuerza —recurriendo a veces a una inaudita violencia—, logra eliminar a los principales jefes incas y a los aspirantes españoles al poder. En 1533 se hace con la capital de la época, Cuzco, y a lo largo de su expedición funda nuevas ciudades españolas, como Lima (Ciudad de los Reyes) en 1535.

Bajo la tutela de la Corona española, Pizarro, descubridor del

Imperio inca y de sus riquezas, sienta las bases de un nuevo Estado colonial en el que los suyos desean afirmar su absoluta hegemonía en detrimento del resto de conquistadores. La conquista se inserta en un marco de violencia contra los pueblos indígenas, que oponen una gran resistencia. Por otra parte, la avidez, los celos y la apetencia desembocan en una guerra civil que diezma las tropas españolas, llegando hasta las esferas más altas: Pizarro muere en enero de 1541 en un ataque perpetrado por los partidarios de Almagro (1475-1538), su antiguo asociado y a quien había mandado ejecutar.

BIOGRAFÍA

Retrato de Francisco Pizarro.

Francisco Pizarro es hijo ilegítimo de un capitán noble, Gonzalo Pizarro Rodríguez de Aguilar (fallecido en 1522) y de una sirvienta procedente de una familia pobre, Francisca

González. Es el primogénito de muchos hermanos, la mayor parte ilegítimos. Se sabe poco de sus primeros años, y la fecha de nacimiento que a veces se le atribuye, el 16 de marzo de 1478, no ha sido demostrada. Pizarro es apartado de la familia de su padre (en cuyo testamento ni siquiera figura) y se cría en el humilde entorno de su madre, sin recibir educación alguna. Emprende la carrera militar siendo analfabeto. Sabemos que viaja a Sevilla en 1493 y que permanece en Italia de 1495 a 1498.

A partir de febrero de 1502 existen fuentes que permiten seguir su recorrido con más precisión: embarca junto a 2500 hombres hacia La Española (el actual Santo Domingo) bajo el mando de Nicolás de Ovando (1460-1518), gobernador de las Indias occidentales. Es oportunista y participa en muchas expediciones: en 1509 parte para colonizar la costa colombiana y el golfo de Urabá bajo las órdenes de Alonso de Ojeda (c. 1468-1515). A continuación coincide con Martín Fernández de Enciso (c. 1470-1528), con el que funda la ciudad de Santa María la Antigua del Darién, capital de la «Tierra firme» (actualmente en el término municipal de Unguía, en Colombia). Cuando el conquistador Vasco Núñez de Balboa (1475-1519) realiza un motín en el que le quita el mando a Enciso, Pizarro se convierte en su teniente y en su brazo derecho. El 29 de septiembre de 1513 llegan juntos al océano Pacífico, después de atravesar el istmo de Panamá. Entre 1514 y 1519 Pizarro interviene como teniente del nuevo gobernador, Pedrarias Dávila (1468-1513), que inicia varias expediciones cuyo objetivo es hacerse con oro y esclavos. Pizarro gana sus primeros galones durante el enfrentamiento que opone a Dávila con Núñez de Balboa.

Hace que detengan y que ejecuten a su antiguo superior, demostrando así una infalible lealtad hacia el gobernador y ganándose una recompensa. Sale del anonimato y en agosto de 1519 se encuentra entre los fundadores y notables de la ciudad de Panamá.

RETRATO DE UN HOMBRE «LLENO DE BUENAS INTENCIONES»

El cronista Gonzalo Fernández de Oviedo (1478-1557), funcionario en Darién, dibuja el retrato de Pizarro: «[...] buena persona é de buen ánimo, cuerpo robusto, é hombre sin ninguna letra ni industria para gobernar [...] lento ó espaçioso, é al apresçer de buena intençion, pero de corta conversaçion é valiente hombre por su persona» (Fernández de Oviedo y Valdés 1855, t. IV, parte III, libro VIII, Proemio, 144-147).

A principios de los años 1520, Pizarro aborda nuevos descubrimientos. Se dedica a la conquista del sur con dos socios, en la que mezcla inextricablemente su historia personal con la del Perú. Lo atestigua el nacimiento de sus dos hijos, fruto de su matrimonio (según el rito inca) con la hija del inca Huayna Cápac (que reina hacia el 1493-1528), Inés Yupanqui (cuyo verdadero nombre es Quispe Sisa, 1516 o 1517-1559): Francisca (1534-1598), primera «mestiza» del Perú, encarna la unión de dos naciones, mientras que Gonzalo, que nace un año más tarde, morirá joven (1546). Pizarro, símbolo del poder conquistador y de su deriva, es asesinado el 26 de junio de 1541 en Lima.

CONTEXTO

LA EMULACIÓN DEL DESCUBRIMIENTO DE LOS NUEVOS MUNDOS

Desde el primer viaje de Cristóbal Colón (navegante genovés, 1451-1506) hasta las Lucayas (Bahamas) en 1492, las misiones de exploración se multiplican: en 1497, Vasco de Gama (navegante portugués, c. 1469-1524) atraviesa el cabo de Buena Esperanza y abre una nueva vía hacia las Indias; Pedro Álvares Cabral (navegante portugués, c. 1460-c. 1520) descubre Brasil en 1500; Hernández de Córdoba (navegante español, c. 1475-1517) bordea la costa de la Península del Yucatán en 1517. Fernando de Magallanes (navegante portugués, 1480-1521) emprende su expedición en 1519, mientras que Hernán Cortés (conquistador español, 1485-1547) descubre México ese mismo año. Por su parte, Pedro de Alvarado (conquistador español, c. 1485-1541) funda Santiago de Guatemala en 1525.

Además de dedicarse al oficio de las armas, Pizarro desarrolla actividades comerciales y mineras y se asocia con otro conquistador, Diego de Almagro (c. 1480-1538). No cabe ninguna duda de que el desencadenante de la iniciativa es el rotundo éxito de Cortés y el descubrimiento del Imperio azteca en noviembre de 1519.

La misión de Pizarro y de Almagro, enmarcada en un contexto propicio, se beneficia de la política imperialista de Carlos V (1500-1558), que tiene como objetivo asentar el poder de España sobre los tesoros que pueda ofrecer el descubrimiento y la conquista de América. América, tierra de riquezas y de ilusiones, aviva la codicia y atrae a los que aspiran a la gloria.

PRIMEROS INTENTOS, PRIMEROS FRACASOS

Primera expedición (noviembre de 1524–mediados de 1525)

En 1524, Pizarro y Almagro se asocian con un sacerdote de origen andaluz, Hernando de Luque (fallecido en 1532) y fundan la Compañía de Levante, cuyo objetivo es el descubrimiento y a conquista del sur.

Según los cronistas, los tres hombres declararon su compromiso mutuo durante una celebración que tuvo lugar en mayo de 1524, tras lo cual prepararon la primera expedición: Pizarro abandona Panamá con 110 hombres a mediados de noviembre a bordo de dos navíos poco sólidos. El mayor, el Santiago, no es más que una carabela artesanal, mientras que el segundo está en peor estado. Tras pasar por la isla de Taboga (golfo de Panamá) y después por el archipiélago de las Perlas, desembarcan en un primer lugar que bautizan como Puerto de las Piñas. A continuación, penetran tierras adentro buscando indígenas y alimentos, pero no los encuentran. Cada vez que desembarcan se repite el mismo escenario, y la expedición se convierte en un desastre: una atmósfera hostil y difíciles condiciones de acceso frenan a los españoles, que no han encontrado lo que buscaban. Cerca de la desembocadura de un río, bautizado como Río de la Espera, Pizarro y sus hombres encuentran comida y un lugar en el que descansar en un fortín indígena abandonado.

Hacen algunas razias en los poblados de los alrededores, y los indios responden y hieren al jefe español. Aunque le dan por muerto, Pizarro vuelve en sí y cede ante las insistentes peticiones de sus hombres, que quieren volver a Panamá. Se detienen en Chochama, al sudeste de Panamá, donde Almagro llega para ayudarle a bordo del San Cristóbal, después de haber estado a punto de perder la vida en el mismo sitio que su socio.

Segunda expedición (enero de 1526-marzo de 1528)

Mientras que Pizarro se queda en Chochama, Almagro intenta convencer al gobernador Pedrarias Dávila de organizar una nueva expedición, porque la primera ya ha costado muchas vidas y mucho dinero. Almagro, nombrado oficialmente líder de esta segunda expedición, vuelve a Chochama a finales de 1525 con el Santiago y el San Cristóbal, botes de desembarco, 110 soldados, algunos caballos, esclavos y armas. Su primer objetivo es el Río de la Espera y el fortín en el que tanto Pizarro como él estuvieron a punto de morir. Antes de continuar la ruta hacia el sur, los españoles aniquilan como represalia a los indios que se encuentran en estos puntos, demostrándole a todos su determinación. Pizarro y sus hombres sufren ataques en todos los poblados indios y responden con violencia. Más allá del río San Juan, un nuevo horizonte se extiende ante ellos. Luchan contra a los indios, les roban su oro y hacen prisioneros destinados al mercado de esclavos de Panamá. Los enfrentamientos se multiplican y son reprimidos de forma cruenta.

En la isla de la Magdalena, Pizarro establece un campamento desde el que lanzar la expedición hacia el sur. Se enfrentan a problemas de aprovisionamiento y a la hostilidad de los indios, por lo que se ve obligado a enviar a Almagro a Panamá a bordo del Santiago en busca de refuerzos y provisiones. Una vez allí, el nuevo gobernador, Pedro de los Ríos (fallecido en 1547), le ofrece su apoyo y la confirmación de los títulos otorgados por su predecesor. Almagro recluta una cuarentena de hombres llegados de España, compra caballos, diversos equipos, alimentos y otros elementos indispensables y parte de nuevo hacia San Juan a principios del año 1527. Mientras tanto el San Cristóbal, dirigido por el navegante Bartolomé Ruiz de la Estrada (1482-1532) encabeza la ruta y alcanza la costa norte del Ecuador. Su fortuito encuentro con una pequeña embarcación que transporta objetos y joyas de oro y de plata, así como collares de perlas y piedras preciosas, es la prueba tangible de que no lejos de ahí existe una rica civilización.

Cuando Almagro regresa, ambos navíos reemprenden su viaje hacia la isla del Gallo (en la bahía de Tumaco, al sur de la actual Colombia), pasan por la desembocadura del río Esmeraldas y bordean la costa del Ecuador. El agotamiento y la decepción hacen que estalle una violenta discusión entre los dos socios, que se disputan el mando de las operaciones y de las tropas. Cuando permanecen en la isla del Gallo entre junio y agosto de 1527, Pizarro manda a Almagro a Panamá con una carta para el gobernador destinada a obtener refuerzos y en la que describía las nuevas tierras que estaban descubriendo. Pedro de los Ríos se muestra prudente y preocupado por el coste humano y financiero de la expedición, por lo que envía al capitán Juan Tafur para ir a buscar a los hombres que quieren regresar pero, sobre todo, para poner fin a la expedición. Según la leyenda, Pizarro habría dejado la elección en manos de sus hombres dibujando en la arena una línea que eran libres de traspasar (lo que significaría quedarse con su jefe) o no. Solo la cruzarían trece hombres, conocidos como «Los Trece de la Fama». En seguida se une a ellos Ruiz de Estrada, al que Pedro de los Ríos, que se encontraba en una incómoda posición en Panamá, había autorizado a partir por seis meses, tras los cuales todos deberían regresar y dar cuenta de sus descubrimientos. Después de navegar durante varias semanas, y acompañados de indios, los descubrimientos se suceden: Tumbes, Paita, la isla Foca, la isla Lobos de Tierra, etc. Los españoles siempre reciben una calurosa acogida, lo que les permite adueñarse de las tierras sin dificultad. Después de haber buscado en vano la ciudad de Chincha, elogiada por los indios de Tumbes, Pizarro reemprende la ruta hacia Panamá. Llega en marzo de 1528 y es recibido con honores. La ruta está trazada: la conquista puede empezar.

LA CONQUISTA DEL PERÚ

Los viajes de Francisco Pizarro y la conquista del Imperio inca

LAS CAPITULACIONES DE TOLEDO (26 DE JULIO DE 1529)

Respaldado por su éxito, Pizarro cree que puede organizar fácilmente la conquista de las nuevas tierras. No obstante, puesto que se le reprocha el coste humano y financiero de las dos primeras expediciones, se ve obligado a acudir al rey para obtener las financiaciones y las autorizaciones necesarias para organizar una nueva expedición. Pizarro llega a Sevilla a finales de 1528 acompañado de especies exóticas y de algunos indios y secundado por Diego del Corral —un jurista acostumbrado a las negociaciones. Sin embargo, la acogida no es la esperada: tanto él como sus compañeros de viaje son encarcelados a causa de sus deudas y liberados por orden del emperador en febrero de 1529. Pizarro se marcha a continuación a Toledo, donde se reúne con Carlos V. El emperador, impresionado, le presta atención pero, obligado a irse a Italia, deja en manos de sus consejeros la negociación y la redacción de las capitulaciones, que serán firmadas el 26 de julio de 1529.

LAS CAPITULACIONES

Se trata de un contrato celebrado entre los exploradores-descubridores y la Corona, cuyas cláusulas especifican las zonas de potestad de cada uno, los honores y los beneficios económicos tanto para ellos como para los futuros inmigrantes.

Los privilegios enumerados en 1529 benefician sobre todo a Pizarro. De hecho, obtiene la autorización que le permite continuar con el descubrimiento y la conquista del Perú —a lo largo de una distancia de alrededor 1000 kilómetros, desde el río Santiago hasta la región de Chincha—, es nombrado gobernador y capitán general del Perú, y percibe unos ingresos que duplican los otorgados a su socio. Además, asume diversas funciones, como la de adelantado (oficial judicial con mandato en una jurisdicción) y la de alguacil mayor (oficial encargado de la policía y de la seguridad). Asimismo, obtiene el derecho de construir cuatro fortificaciones de las que es el gobernador y de concederle a los españoles tierras y terrenos de construcción. Para gestionar la nueva provincia, tiene que nombrar y pagar a un alcalde mayor, diez escuderos, treinta soldados de infantería, un médico y un boticario.

Sus asociados de la Compañía de Levante reciben menores gratificaciones, lo que originará su rivalidad. Hernando de Luque es nombrado protector universal de todos los indios de la provincia y espera ser nombrado obispo de Tumbes, mientras que Diego de Almagro, al que se le concede la condición de hidalgo —un escaso consuelo—, solo es nombrado gobernador de Tumbes, con una renta anual. En cuanto a los hombres de la tripulación, entre los que se encuentra el navegante Ruiz de Estrada, ascendido a piloto mayor, y a los Trece, les otorgan principalmente títulos honoríficos, ascensos y rentas. Por último, el acuerdo prevé ventajas fiscales para los nuevos inmigrantes que lleguen a la provincia, ya que se estipula claramente que el descubrimiento no es el único objetivo de la expedición: de hecho, la Corona confía en poblar y explotar las nuevas tierras, y Pizarro tiene seis meses para organizar su expedición.

La historia de la familia

Cuando Pizarro embarca en Sevilla para emprender la ruta hacia Panamá, le acompañan varios de sus hermanastros con los que se ha encontrado durante el viaje:

Hernando Pizarro (c. 1500-1578), el único hijo legítimo de sus hermanos, que se encargará de las negociaciones políticas y económicas con la Corona; Juan (1511-1536) y Gonzalo (c. 1502-1548), dos hermanastros ilegítimos —el primero morirá en Cuzco en 1536 y el segundo desempeñará un importante papel en la conquista del Perú, y después, tras la muerte de Francisco, encabezará una revuelta contra la Corona. Por último, se une a la expedición un cuarto hermano, esta vez uterino, con el que Pizarro mantendrá una relación especialmente cercana: Francisco Martín de Alcántara (c. 1500-1541).

En el otoño de 1529, en Sevilla, unos 150 hombres forman parte de la expedición y embarcan a bordo de cuatro navíos. Pizarro pone rumbo a Nombre de Dios, el puerto del istmo, a orillas del Atlántico. Cuando llega, en marzo o abril de 1530, se enfrenta a Almagro, que no tiene reparos en mostrarle su descontento por el hecho de que el acuerdo de las capitulaciones le haya otorgado a Pizarro la mejor parte y haya despreciado el trabajo de sus socios y de sus hombres. La presencia de los hermanos de Pizarro, que las crónicas dicen estar «hinchados de orgullo», no hace más que avivar las tensiones. Cuando Almagro amenaza con montar otra expedición que haga competencia a la suya, Pizarro cede en algunos puntos, como el reparto equitativo entre los tres asociados de todas las riquezas que ofrezca el Perú.

LA CULMINACIÓN DE UNA TENAZ AMBICIÓN

El 30 de enero de 1531, la expedición abandona el puerto de

Panamá con el objetivo de conquistar tierras.

En febrero, la flota desembarca en la bahía de San Mateo, cerca de la desembocadura del río Esmeraldas. Bajo las órdenes de Hernando y de Juan Pizarro, los 180 hombres se entrenan y se aclimatan al entorno. Desde este punto avanzan bordeando la costa hacia el suroeste sin obstáculos: de Atacames llegan a Cancebí (primer poblado «pacificado»), y después a la región de los cojimíes. Las tropas se establecen en Coaque de febrero a octubre. Cuando sus habitantes ven llegar a los españoles, huyen tierra adentro dejando atrás sus tesoros. Además de las tensiones cada vez más frecuentes con los indios, los expedicionarios soportan condiciones de vida difíciles. Llegan refuerzos, dirigidos por Sebastián de Benalcázar (1480-1551), personaje carismático y amigo de Pizarro, que toma las riendas de la caballería y ubica estratégicamente a algunos de sus hombres en puestos clave, especialmente con el fin de contener la influencia de los hermanos Pizarro. En noviembre, la expedición alcanza la punta más occidental del Ecuador (actual cabo de Santa Elena) antes de llegar a final de mes a la isla Puná.

El rey de la isla, Tumbalá, recibe el 30 de noviembre a Pizarro, y le autoriza a explorar su territorio. A pesar de que el acuerdo es favorable, Pizarro siente una cierta desconfianza hacia el rey indio y se aprovecha de la rivalidad entre Tumbalá y los indios de Tumbes (que desde las capitulaciones se encuentran bajo el mando de Almagro) para, a las primeras de cambio, hacer que detengan al rey y entregarlo a sus enemigos. Estos últimos le decapitan, lo que provoca el levantamiento de los habitantes de la isla.

Hernando Pizarro resulta herido durante el transcurso de los violentos enfrentamientos. Para Pizarro, la lección está clara: para imponerse, es indispensable dividir a los indios. En ese momento llegan de Nicaragua dos navíos cargados de provisiones y de refuerzos fletados por el propio Pizarro y dirigidos por Hernando de Soto (c. 1496-1542), uno de los primeros capitanes de la conquista de Nicaragua.

Desde ese momento, la isla Puná puede empezar la conquista terrestre del Perú, para la que Pizarro confía en apoyarse en su alianza con el pueblo de Tumbes y su jefe Chilimasa. Esta se inicia en abril de 1532, pero los problemas se suceden: por el camino, los indios traicionan a los conquistadores, roban una parte de los tesoros y matan o hieren a muchos de sus compañeros de viaje.

Cuando llega a Tumbes, Pizarro obliga a Chilimasa y a sus hombres a que le sigan a cambio de salvarles la vida. Pizarro deja los bultos con los que cargan, los heridos y los oficiales reales en Tumbes e inicia un periplo por la ruta que hacía poco había descubierto Francisco Martín de Alcántara, uno de los «caminos incas» que surcan el país.

UNA CRISIS DINÁSTICA VENTAJOSA

Cuando Pizarro llega al Perú, dos hijos del emperador inca Huayna Cápac (fallecido en 1528) se disputan la herencia de su padre. Huáscar (1503-1532) es apoyado en su búsqueda de poder por la nobleza de Cuzco, que le garantiza el trono de su padre, mientras que la nobleza de Quito apoya a su hermanastro Atahualpa (*c.* 1500-1533). En 1532, Atahualpa se hace con el trono imperial de Cuzco después de una guerra fratricida. Pizarro aprovecha esta crisis dinástica para jugar a dos bandas e imponer su poder entre la población local.

PIZARRO CONTRA EL INCA: DE CAJAMARCA A LA MUERTE

Pizarro y sus hombres se encuentran con numerosos indios en su avance hacia el sur. Los jefes locales ofrecen comida y alojamiento a los españoles a cambio de paz y de respeto mutuo. En el valle del río Piura, Pizarro decide construir, en las tierras del cacique (jefe indio) de Tangarará y en los márgenes del río una ciudad que serviría de punto de apoyo durante la ascensión de la Cordillera. La ciudad, bautizada San Miguel de Piura, se funda el 15 de agosto de 1532.

Hernando de Soto, enviado en avanzadilla a las montañas, llega a Cajas y seguidamente a Huancabamba, donde las riquezas superan las expectativas de los conquistadores. Tras reunirse con el mensajero de Atahualpa y recibirlo, y tras un intercambio de regalos como prueba de amistad y de respeto, avisa a Pizarro de su descubrimiento. Mientras esperan entrevistarse con el inca, los españoles continúan avanzando hacia el sur en otoño de 1532. Después de atravesar el desierto de Sechura, llegan a las regiones de las actuales ciudades de Olmos y de Motupe, alcanzando después Jayanca, donde hay poblados indios. Pizarro se muestra perspicaz y comprende la desafiante situación: una verdadera guerra civil causa estragos en todo el país y Atahualpa, que encabeza un ejército de varios miles de hombres, infunde terror. Después de siete meses de expedición, Pizarro decide cambiar de ruta, atravesar los Andes y reunirse con el emperador. El inca se muestra curioso y hace que a lo largo de la ascensión le lleguen víveres y regalos. En realidad, se trata de una manera de introducir a sus hombres entre los de Pizarro y de calcular las fuerzas presentes y su estado. El encuentro tiene lugar el 16 de noviembre de 1532 en Cajamarca, a casi 2800 metros de altitud.

Pizarro siente tanta desconfianza como el inca, y sus intenciones no son tan pacifistas como intenta demostrar: gracias a las indicaciones proporcionadas por de Soto y Hernando Pizarro, elabora una verdadera estratagema para capturar al inca. Según la tradición literaria, las tropas de ambos bandos están listas para atacar y aniquilar hasta al último de sus enemigos. La afrenta —juzgada como tal por los españoles— que desencadena el ataque es la realizada contra el dominico Vicente de Valverde (1498-1541) cuando le ofrece al inca la Biblia y este, por desprecio o por ignorancia, la tira al suelo. Pizarro da la señal de ataque. En seguida, las tropas españolas se lanzan contra las indias y las diezman. Gracias al efecto sorpresa consiguen que los heridos del bando indio se cuenten por centenas, hacen prisionero al inca y saquean su tesoro. Según el cronista, el botín se eleva a 80 000 pesos de oro, 7000 marcos de plata y 7 marcos (es decir, casi 10 kilos) de esmeraldas.

La captura de Atahualpa, grabado de Pierre Duflos, realizado entre 1760 y 1810.

La suerte de Atahualpa está en manos de Pizarro. Su ambición y la extrema avaricia que guía los pasos de los españoles le conducen a negociar el precio a pagar por el rescate del emperador. El inca le propone llenar en 40 días una habitación entera de oro y otras dos de plata procedentes de todo el imperio, especialmente de la capital, Cuzco, o incluso del santuario principal, el Pachacámac. Durante su cautividad, Atahualpa mantiene un estrecho contacto con sus partidarios y logra que asesinen a su hermano Huáscar, hecho prisionero en Cuzco, para evitar cualquier tipo de negociación con los españoles a su costa.

El 12 de abril de 1533, Diego de Almagro regresa de Panamá y llega a Cajamarca con refuerzos para prestar apoyo a su socio pero, sobre todo, para llevar a cabo una nueva conquista hacia el norte —una zona inexplorada por Pizarro. Los días 17 y 18 de junio tiene lugar el reparto del botín entre los hombres de Pizarro, de Soto y Benalcázar y los recién llegados, lo que suscita nuevas tensiones entre los españoles: los hombres de Almagro se ven perjudicados ante un reparto desigual. El botín se ha de repartir entre 168 personas, y los hermanos Pizarro reciben para ellos solos un 11% del mismo. En verano, Hernando Pizarro es enviado ante la Corona para exponer los tesoros descubiertos y para intentar reunir a nuevos participantes para la conquista del Perú.

Mientras los conquistadores se acaloran en torno al botín, los indios que se esconden en los alrededores de Cajamarca intentan organizar una operación para liberar al emperador. Sin embargo, Pizarro es consciente del riesgo de un ataque indio y está decidido a reafirmar la supremacía de los españoles sobre la población local, por lo que determina el destino del inca el 26 de julio. Es condenado a la hoguera en la plaza de Cajamarca, acusado de la muerte de Huáscar y de traicionar a los españoles. En el último momento pide que le bauticen, por lo que se le conmuta la pena: en vez de ser quemado es ahorcado. Para ganarse el apoyo de las élites indígenas, Pizarro nombra a un nuevo inca, el joven Túpac Huallpa (fallecido en 1533), hijo de Huayna Cápac (por lo tanto, hermanastro de Atahualpa y de Huáscar). Apoyado por la nobleza cuzqueña, este último se encuentra desde que llega a Cajamarca bajo la protección de Pizarro. Es coronado, pero en realidad el emperador no es más que un títere.

EN FINAL DE LA CONQUISTA

Antes de iniciar la ruta a través de los Andes para llegar a Cuzco, Pizarro coloca a Benalcázar a la cabeza de San Miguel de Piura, obligando a uno de sus mejores tenientes –pero también a uno de los menos fáciles de tratar— a dirigir la ciudad, cuyo puerto es el único punto de desembarco desde el istmo panameño, y sobre todo a iniciar la conquista del norte, adelantándose a los recién llegados en busca de tierras y de riqueza. Progresan con bastante facilidad durante tres meses a través de la Cordillera de los Andes, siguiendo el camino del inca: a pesar de que a veces las condiciones son difíciles, Pizarro se encuentra con que los indios ofrecen muy poca resistencia. De esta forma, las riquezas se acumulan. Sin embargo, Túpac Huallpa muere por el camino a causa del cólera. Cuando Hernando de Soto ha abierto camino atacando en ocasiones a la población indígena y sin dudar en emplear la fuerza en enfrentamientos cada vez más frecuentes, Pizarro entra el 14 de noviembre de 1533 en la ciudad de Cuzco, desierta. El templo del Sol, el principal lugar de culto, es saqueado para hacerse con el oro y el santuario real es profanado.

Preocupado por garantizarse el apoyo de la aristocracia de Cuzco, Pizarro corona a Manco Cápac (también conocido como Manco Inca o Manco II, fallecido en 1545), hermano de Túpac Huallpa. El 23 de marzo de 1534, Pizarro funda una ciudad española en el emplazamiento de la antigua capital, la despeja de todo detalle indígena, clava cruces y convierte una edificación en la iglesia de la ciudad. Es la segunda ciudad fundada por los españoles, separada de la primera (San Miguel) por más de 2000 kilómetros. Aunque parece que la conquista del sur va bien, Pizarro es consciente de la hostilidad de los indios bajo el mando de Quizquiz, un general de Atahualpa que dirige a la resistencia desde la emboscada de Cajamarca. Por el lado español, las dificultades su multiplican y Pizarro tiene que transigir con las pretensiones de Almagro y de Benalcázar, con la energía a veces incontrolable de Hernando de Soto y con el desembarco inminente de nuevos aspirantes llevados a Quito por Alvarado.

En abril de 1534, la fundación *ex nihilo* en Jauja de una nueva ciudad permite establecer un contacto fácil con la costa. Pizarro quiere convertirla en la nueva capital del Perú colonial. Desde ella, desciende a lo largo de la costa hasta llegar a un oasis en el que más tarde se fundaría Lima, después pasa por Pachacámac, por Lurín, por Mala y por Lunahuana hasta llegar a Chincha, de la que tanto había oído hablar durante su primer viaje y sobre la que la Corona había reconocido su autoridad en 1529.

REPERCUSIONES

LA INFLUENCIA DE LOS PIZARRO: TENSIONES Y CODICIA

El éxito de Pizarro en Perú le abre las puertas a numerosos conquistadores. Desde 1533, navíos llegados de Nicaragua llevan a aspirantes a hacerse ricos a Sudamérica. De hecho, la riqueza de los tesoros incas y el eco del éxito de Pizarro incitan a los españoles a probar suerte. Aunque se inician nuevas expediciones, el hombre del Perú y los suyos no quieren que les quiten lo que les pertenece. Cuando, en 1534, una expedición dirigida por Alvarado (una docena de navíos, 450 soldados, 2000 indios y esclavos) se dirige a la región de Quito, interviene Benalcázar, el teniente de Pizarro. Almagro, desplazado al terreno, negocia y compra navíos y hombres por la imponente suma de 100 000 ducados. Consciente de que solo puede existir fuera de la esfera de poder pizarrista, Benalcázar decide emanciparse y, con algunos hombres, parte a la conquista de la provincia del Popayán (al sur de la actual Colombia).

El dominio de Pizarro y los suyos sobre el conjunto del territorio se enfrenta a una viva oposición. Por una parte, la arrogancia y la codicia de los hermanos de Pizarro crean tensiones añadidas no solo con los indios, sino también con los españoles. Recurren al terror para establecer su autoridad, cometen numerosos atropellos y extorsiones y abusan de la violencia, sobre todo en Cuzco, donde tratan a Manco Cápac sin deferencia alguna, manteniéndole prisionero y encadenado, y humillándole constantemente. Sin embargo, el inca logra escaparse y se atrinchera en las montañas de Ollantaytambo. Entonces estalla una verdadera guerrilla. De abril a mayo de 1536, durante el asedio de Cuzco por parte de los indios, Juan Pizarro es herido de muerte en un sangriento combate. En agosto de 1536 le toca a Lima sufrir el ataque, pero los ejércitos indios, privados de su jefe, Titu Yupanqui, muerto en combate, acaban por retroceder. Aunque, por su parte, Pizarro continúa con su tarea de conquista y de reafirmación de su poder gracias a una política basada en la fundación de nuevas ciudades —como la de Lima, bautizada Ciudad de los Reyes, el 18 de enero de 1535—, las tensiones internas en el bando español se multiplican. Algunos meses antes, en mayo de 1534, Hernando Pizarro obtiene de parte del rey nuevas capitulaciones, que establecen que Pizarro y Almagro se repartan las nuevas tierras. Al contrario de lo que ocurrió en las de 1529, Almagro esta vez no ha sido apartado. Es nombrado gobernador de Nueva Toledo —una zona aún por conquistar—, pero se opone a su socio en la cuestión de Cuzco y de sus riquezas. Al término de unas negociaciones que reconocen que Pizarro tiene poder sobre la antigua capital inca, este último se compromete a ayudar a Almagro a organizar la expedición hacia Nueva Toledo (al sur en dirección a Chile), que comienza el 12 de junio de 1535. Sin embargo, la expedición fracasa: no se encuentra ningún tesoro comparable al de los incas. En febrero de 1537, Almagro decide regresar y reclamar lo que cree que se merece, es decir, la ciudad de Cuzco. En su proyecto para expulsar a los Pizarro, intenta en vano unirse a Manco Cápac. A pesar de las negociaciones llevadas a cabo por Hernando Pizarro, Almagro se muestra inflexible. Entra en la ciudad en abril de 1537, la ocupa y hace que detengan a los hermanos de Pizarro (a Hernando y a Gonzalo). Francisco Pizarro, que se encuentra en Lima, moviliza tropas, y después llega para negociar en persona la liberación de sus hermanos. A cambio de un elevado precio de rescate y de rendirle homenaje a Almagro, Hernando y Gonzalo son liberados.

LA BATALLA DE LAS SALINAS Y LA MUERTE DE ALMAGRO

La afrenta perpetrada contra Pizarro es inaguantable. Cuando vuelve a Lima, Pizarro pone a Hernando a la cabeza de una expedición punitiva contra Almagro. El 6 de abril de 1538, en Las Salinas, los 700 hombres de los Pizarro vencen en una batalla a las tropas almagristas, en plena huida. Se detiene a su líder, que es acusado de traición contra la Corona. Al final de un proceso en el que Almagro espera beneficiarse de su larga amistad con el gobernador, este es condenado a muerte y decapitado el 8 de julio de 1538.

La ejecución de Almagro marca un punto de inflexión decisivo, tanto en la historia del Perú como en la historia personal de Pizarro. Ha eliminado a todos los aspirantes al poder, ya no hay más obstáculos que puedan impedir el control absoluto del clan familiar sobre los nuevos territorios. De ahora en adelante, los objetivos de Francisco Pizarro son pacificar la zona, continuar con la fundación de ciudades, poner fin a las hostilidades indias, cuyo jefe, Manco Cápac, se ha retirado a Vilcabamba, y finalmente emprender una nueva expedición hacia el sur (hacia la actual Bolivia). En octubre de 1537, la Corona le concede el título de marqués, un hecho excepcional entre los conquistadores —solo Hernán Cortés ha recibido el mismo honor. Pizarro es libre de escoger sus tierras, y opta por la región de Atavillos (al norte de Lima), una región poco conocida y aún inexplorada.

A finales de los años 1530, el poder del clan Pizarro se basa en la acumulación de riquezas lograda a lo largo de la conquista, en la recaudación de tributos sobre la tierra, en las actividades mineras y en el establecimiento de operaciones comerciales desde el Perú hacia España.

UNA MUERTE VIOLENTA CON CONSECUENCIAS DECISIVAS

En 1540 estallan nuevos problemas: se reprime sangrientamente una revuelta de los indios. «Los de Chile», pobres y rencorosos, encuentran en el hijo de Almagro un jefe para la resistencia organizada. Nacido hacia el año 1520, Diego de Almagro el Mozo se exilia en Lima a la muerte de su padre, y lidera una conspiración que tiene como objetivo asesinar a Pizarro. Este último lo sabe y no le presta atención. El 26 de junio de 1541, doce hombres entran en su casa para asesinarle, bajo las órdenes de Juan de Rada (fallecido en 1541), antiguo capitán de Cortés y miembro del partido almagrista. Pizarro y su hermano, Martín de Alcántara, mueren en el violento ataque.

Asesinato de Pizarro.

Esta muerte tendrá dos repercusiones directas. En primer lugar, se inicia una verdadera caza de brujas: aunque los hijos de Pizarro se ponen a salvo, los almagristas o los indios matan a sus hombres. A continuación, estalla una guerra civil entre los conquistadores, lo que provoca la indispensable intervención de la Corona, que envía un gobernador y decreta una serie de leyes para América (20 de noviembre de 1542). La muerte de Pizarro pone fin a la época de los grandes conquistadores, en beneficio de un intervencionismo y de un control necesariamente más estricto por parte de la Corona, que en 1544 reprime la revuelta iniciada por Gonzalo Pizarro.

NUEVO MUNDO, NUEVO SABER

Desde un punto de vista geográfico, todos los mapas marítimos con fecha anterior a 1520 limitan su representación de las Américas a las costas orientales (del norte al sur). La adquisición de nuevos conocimientos permite instaurar nuevos mapas, gracias sobre todo a la expedición de Magallanes (y al estrecho que atravesó en 1520), que fue completada por otras expediciones los siguientes años, como por la de Pizarro y sus cómplices.

Podemos pensar sobre todo en uno de los primeros mapas existente, que de hecho es el mayor portulano (mapa marítimo que representa los puertos, los fondos marinos y las mareas de una parte del mundo) que existe y que fue realizado por el cartógrafo portugués Andreas Homem, *Universa ac navigabilis totius terrarum orbis descriptio*, de 1559, en el que ya figura Sudamérica en su conjunto —aunque los límites de la punta meridional están menos definidos— y en el que la geografía del Perú y de la costa occidental está perfectamente reproducida.

EN RESUMEN

Francisco Pizarro © 50MINUTOS.es

- Pizarro es uno de los conquistadores más ambiciosos de su generación. Ávido de reconocimiento, no duda en hacer que sus hombres se enfrenten a todos los desafíos necesarios para cumplir su misión: descubrir, conquistar y dominar un nuevo espacio, así como hacerse con sus riquezas.

- Tras participar en varias expediciones en América central, se asocia con el conquistador Diego de Almagro y con el canónigo Hernando de Luque en la Compañía de Levante.

- Tras dos expediciones de exploración costosas tanto en hombres como en términos financieros, Pizarro se lanza en 1531 a la conquista de las tierras peruanas. Descubre las riquezas del Imperio inca. Sin embargo, la conquista no transcurre libre de enfrentamientos con la población local, y las tensiones en el seno del grupo español se multiplican.
- Aprovechando la guerra fratricida que enfrenta a los descendientes del inca Huayna Cápac, Pizarro logra, durante una emboscada en Cajamarca en noviembre de 1532, capturar a Atahualpa, último emperador inca. Tras exigir cobrar un rescate a cambio de salvarle la vida, lo manda ejecutar en julio de 1533.
- La conquista encabezada por Pizarro no es pacífica: los hombres y los hermanos del gobernador lideran masacres, saqueos y abusos. El 14 de noviembre de 1533, tras atravesar los Andes, Pizarro entra en la antigua capital inca, Cuzco, que sus hombres han destruido movidos por la avaricia. El Templo del Sol, emblemático centro religioso del poder inca, es saqueado. En menos de tres años Pizarro desmantela el Imperio inca, privándolo de su poder, de su riqueza, de sus raíces y de sus costumbres.
- En su ambición por trazar un nuevo mapa del país, Pizarro funda numerosas ciudades, *ex nihilo* o bien sobre antiguos emplazamientos incas que rebautiza. El 18 de enero de 1535, nombra una nueva capital para el país, la Ciudad de los Reyes (Lima).
- A lo largo de la conquista, la necesidad de ganancias, la violencia, los celos e incluso la decepción hacen que su

socio Almagro y una parte de sus tropas se opongan al clan Pizarro. Los enfrentamientos son sangrientos, y las víctimas, entre las que se encuentra Almagro, que es ejecutado en 1538, son numerosas.

- Después de haber eliminado a los aspirantes al poder del bando español, y de haber aniquilado o perseguido a los jefes indios, Pizarro finaliza la conquista y emprende nuevas expediciones hacia el sur, mientras que recién llegados se apoderan de las zonas fronterizas.
- Las rivalidades entre los clanes españoles acaban con Pizarro, que muere en junio de 1541 en un atentado perpetrado por los partidarios de Almagro, guiados por el hijo de este, Diego Almagro el Mozo.
- Con la muerte de Pizarro se pone fin a toda una época, la de los grandes conquistadores. A partir de entonces, la Corona española vigilará más de cerca los territorios conquistados, adoptando una política decididamente intervencionista.

¡Tu opinión nos interesa!
¡Deja un comentario en la página web de tu librería en línea,
y comparte tus favoritos en las redes sociales!

PARA IR MÁS ALLÁ

FUENTES BIBLIOGRÁFICAS

- Bénat-Tachot, Louise y Bernard Lavallé. 2005. *L'Amérique de Charles Quint*. Burdeos: Presses universitaires de Bordeaux, colección *Parcours universitaires*.
- BNF, *L'Âge d'or des cartes marines*. Consultado el 30 de septiembre de 2009. http://expositions.bnf.fr/marine/index.htm
- Chaunu, Pierre. 1995. *Conquête et exploitation des nouveaux mondes*. París: PUF, colección *Nouvelle Clio*.
- Cieza de León, Pedro. 1979. *Descubrimiento y conquista del Perú*. Roma: Éditions Francesca Cantu.
- Hoffmann, Catherine, Hélène Richard y Emmanuelle Vagnon. 2012. *L'âge d'or des cartes marines. Quand l'Europe découvrait le monde*. París: Seuil.
- de Jerez, Francisco. 1982. *La Conquête du Pérou*. París: A.-M. Métailié.
- de la Hoz, Pedro Sancho. 1987. *Relation pour S.M. de ce qui arriva pendant la conquête et la pacification de ces provinces de la Nouvelle-Castille et de la qualité de la terre, après que le capitaine Hernando Pizarro s'en alla porter à S.M. la relation de la victoire de Caxamalca et de la capture du cacique Atabalipa*. En *Cartas y cronistas del descubrimiento y la conquista*. Editado por Francisco Carrillo. Lima: Editorial Horizonte.
- Fernández de Oviedo y Valdés, Gonzalo. 1855. *Historia general y natural de las Indias, islas y tierra firme del mar océano*, tomo IV, parte III, libro VIII, Proemio, 144-147. Madrid: Imprenta de la Real Academia de la Historia.

- Lavallé, Bernard. 2004. *Francisco Pizarro, conquistador de l'extrême*. París: Éditions Payot et Rivages, colección *Biographie Payot*.
- Lockhart, James. 1987. *Los de Cajamarca, un estudio social y biográfico de los primeros conquistadores del Perú*, tomo 2. Lima: Milla Batres.
- de Mena Cristóbal. *Conquista del Perú llamada la Nueva Castilla*. En *Cartas y cronistas del descubrimiento y la conquista*. Editado por Francisco Carrillo. Lima: Editorial Horizonte.
- Pizarro, Pedro. 1992. *Récit de la découverte et de la conquête des royaumes du Pérou*. París: Éditions du Félin.

FUENTES COMPLEMENTARIAS

- Bernand, Carmen. 2010. *Les Incas. Peuple du Soleil*. París: Gallimard, colección *Découvertes Gallimard*.
- del Busto Duthurburu, José Antonio. 2001. *Pizarro*. Lima: Editorial Copé.
- Favre, Henri. 1990. *Les Incas*. París: PUF, colección *Que sais-je?*.
- Porras Barenechea, Raúl. 1978. *Pizarro*. Lima: Editorial Pizarro.

FUENTES ICONOGRÁFICAS

- Retrato de Francisco Pizarro. La imagen reproducida está libre de derechos.
- *La captura de Atahualpa*, grabado de Pierre Duflos, realizado entre 1760 y 1810. La imagen reproducida está libre de derechos.

- Asesinato de Pizarro. La imagen reproducida está libre de derechos.

LITERATURA

- Ferrer del Rio, Antonio. 1860. *Francisco Pizarro. Drama histórico original en tres actos y en verso*. Madrid: Imprenta J. Rodriguez.
- Hudson, Charles Bradford. 1907. *The Crimson Conquest: A Romance of Pizarro and Peru*. Toronto: The Musson Book.
- von Kotzebue, August. 1796. *Die Spanier in Peru oder Rollas Tod. Ein romantisches Trauerspiel in fünf Akten*. Esta tragedia en cinco actos será traducida en 1822 del inglés al español por Juan Gualberto de Ortega bajo el nombre de "Pizarro ó los peruanos, tragedia en cinco actos".
- Pastor, Leandro Tomás. 1871. *Pizarro o la conquista del Perú, drama en cuatro actos*. Madrid: Imprenta española.

¡APRENDER NUNCA ANTES FUE TAN RÁPIDO!

www.en50minutos.es

www.en50Minutos.es

ISBN ebook: 9782806277695

ISBN papel: 9782806285096

Depósito legal: D/2016/12603/440

Libro realizado por <u>Primento</u>, *el socio digital de los editores*